Solutions beauté

pour filles pressées

Presses Aventure, une division de **Les Publications Modus Vivendi inc.**
55, rue Jean-Talon Ouest, 2e étage
Montréal (Québec) H2R 2W8, CANADA

Publié pour la première fois en 2007 par Zest Books, une division de Orange Avenue Publishing
sous le titre *Girl in a Fix Quick Beauty Solutions (and why they work)*

Traduit de l'anglais par Karine Blanchard

Artisans de l'édition originale :
Directrice éditoriale : Karen Macklin
Directrice de la création : Hallie Warshaw
Auteures : Somer Flaherty et Jen Kollmer
Éditrice : Karen Macklin
Illustratrice : Ali Douglas
Designer graphique : Cari McLaughlin
Artiste de production : Cari McLaughlin

Dépôt légal - Bibliothèque et Archives nationales du Québec, 2010
Dépôt légal - Bibliothèque et Archives Canada, 2010

ISBN 978-2-89660-089-2

Nous reconnaissons l'aide financière du gouvernement du Canada par l'entremise du Programme d'aide au développement de l'industrie de l'édition (PADIÉ) pour nos activités d'édition.

Gouvernement du Québec – Programme de crédit d'impôt pour l'édition de livres – Gestion SODEC

Imprimé au Canada

Solutions beauté
pour filles pressées

Somer Flaherty et Jen Kollmer
Illustré par Ali Douglass

Presses Aventure

Il y a de ces journées où on se sent moche.

Tu sais, ces journées où une amie s'arrange pour te souffler une bulle de gomme dans les cheveux, où le plus monstrueux des boutons t'obstrue le front, où tu portes fièrement tes nouvelles sandales... jusqu'à ce qu'elles dégagent une toute nouvelle – et étrange – odeur. Oui, il y a de ces journées où tu as l'impression que l'univers esthétique se retourne contre toi.

Et c'est précisément dans ces moments que tu dois redécouvrir les vrais secrets de la beauté. Non, ce ne sont pas la chance et la génétique. C'est plutôt **la débrouillardise et les bons trucs.**

Une fille qui se remue les méninges et qui affiche un grand sourire est deux fois plus fabuleuse qu'une fille qui ne fait que sourire. Et c'est là que *Solutions beauté pour filles pressées* entre en scène. Dans ce guide, tu trouveras une foule de solutions pratiques aux problèmes de beauté les plus communs, qu'il s'agisse de cheveux raplapla, de peau pas lisse du tout ou d'autres sujets plus délicats, comme les pellicules. En plus, pour les curieuses, on explique pourquoi ces trucs fonctionnent. Savais-tu que les avocats peuvent

Huile d'olive
Vinaigre
Assouplisseur
Jus de citron
Dentifrice

réparer les pointes fourchues des cheveux abîmés et que les pêches sont bonnes pour la peau parce qu'elles contiennent des acides alpha-hydroxy ? On a fait toutes ces recherches pour toi, pour que tu n'aies plus à te demander : « Et pourquoi je me passerais une tomate sur la figure ? »

Tu trouveras aussi dans ce livre des solutions pour emporter, des trucs express quand tu n'es pas à la maison,

et des conseils inventifs pour régler des problèmes épineux en un éclair.

Solutions beauté pour filles pressées est le guide beauté ultime pour toutes celles qui veulent avoir bonne mine en un tournemain... et qui veulent des mains impeccables, par la même occasion.

Un avocat à la défense des pointes

Le problème

La danse de fin d'année est dans une semaine à peine, et tu as les pointes sérieusement fourchues, mais pas nécessairement les moyens de faire arranger ça. Pas de panique. La coupe n'est pas la seule façon de traiter les cheveux cassés.

La solution

Procure-toi quelques gros avocats. Jette les noyaux et la pelure, puis pile la chair jusqu'à ce que ça ressemble à une pâte – ou à une super guacamole. Enduis ta chevelure de cette pâte, particulièrement les pointes. Laisse la préparation dans tes cheveux au moins 30 minutes. Tiens, profites-en pour aller fureter sur Internet et choisir la coiffure parfaite que tu veux pour le bal. Quand les 30 minutes sont écoulées, rince à fond, puis fais un bon shampoing, comme d'habitude. Ensuite, pars à la recherche de LA robe.

Pourquoi ça fonctionne

Les huiles naturelles contenues dans les avocats soudent les fourches et les protègent pour quelques shampoings, ce qui te donne le temps d'amasser les sous nécessaires pour ta prochaine coupe.

Le sel de la vie

Le problème

Ta peau sèche et rêche te rappelle quotidiennement ton ardent besoin d'une exfoliation complète. Mais, à choisir entre une sortie de filles et une exfoliation qui coûte les yeux de la tête, gageons que tu miseras ta fortune sur tes loisirs.

La solution

Pourquoi choisir entre plaisir et peau lisse quand tu peux avoir les deux? Munis-toi de cette boîte de sel de mer qui dort au fond de l'armoire depuis des années et saute dans la douche. Frictionne ton corps avec le sel, puis lave-toi comme d'habitude. Applique un hydratant en sortant de la douche, et te voilà prête à sortir avec les filles... et une peau sublime.

Pourquoi ça fonctionne

Le sel ouvre les pores de ta peau, ce qui la prépare à bien absorber la lotion hydratante. De plus, les cristaux de sel de mer sont plus gros, plus granuleux, ce qui adoucit son pouvoir exfoliant. Il est efficace pour débarrasser ta peau de toutes les cellules mortes, permettant ainsi aux nouvelles de faire surface.

Soin des cuticules à la méditerranéenne

Tes cuticules sont désastreuses et, malheureusement, il n'y a pas de technicienne en manucure à l'école. Qu'à cela ne tienne ! Non seulement tu es mignonne, mais tu es débrouillarde ! À l'heure du lunch, demande à la dame de la cafétéria de te donner de l'huile d'olive dans un bol. Laisse tremper tes mains pendant 15 minutes, puis rince-les. Te voilà avec des cuticules régénérées, des ongles plus forts et un respect renouvelé pour tout ce qui vient de la Méditerranée.

oLive

Du thé pour les yeux fatigués

Le problème

Tu as passé la nuit à travailler pour préparer ton examen de chimie, et ça a grandement hypothéqué ta dose de sommeil réparateur. Tu as un air de fin du monde, mais tu dois quand même te rendre à l'école pour le passer, cet examen.

La solution

Ravive ton regard avec de la camomille. Dépose deux sachets de tisane à la camomille dans une casserole d'eau et porte le tout à ébullition. Retire les sachets, puis mets-les au congélateur pour les refroidir complètement (ça devrait prendre au moins 10 minutes). Place un sachet sur chacun de tes yeux et fais une petite sieste. Te voilà fraîche et dispose pour affronter ton examen.

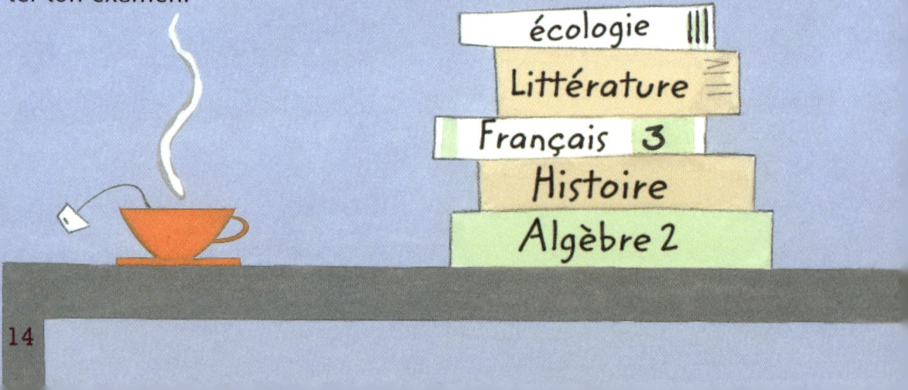

Pourquoi ça fonctionne

Des études ont démontré que la camomille aide à combattre l'inflammation. Et ça fonctionne même presque aussi bien que certaines crèmes à base de stéroïdes. En prime : l'odeur apaisante de la camomille favorise le repos.

Miracle minute

On s'agence bien

La plupart des filles comptent dans leur arsenal beauté quelques vernis à ongles de couleurs communes : un rouge, un rose rougeâtre... et un rouge rosé. Tu veux faire changement ? Choisis une ombre à paupière dont tu aimes la couleur et crée toi-même le vernis qui va avec. Prélève un peu d'ombre à paupière et mélange-la avec du vernis transparent sur une feuille d'aluminium. (Si tu fais le mélange directement dans la bouteille, tu ne pourras pas créer d'autres couleurs.) Teste ta nouvelle nuance directement sur tes ongles jusqu'à ce que tu obtiennes le résultat désiré.

Teint de pêche

Le problème

Demain, c'est la séance de photos pour l'album de fin d'année. Aujourd'hui, tu as le teint pâle et la peau sèche. Ton visage a besoin d'un revitalisant express pour que tu puisses t'afficher sous ton plus beau jour.

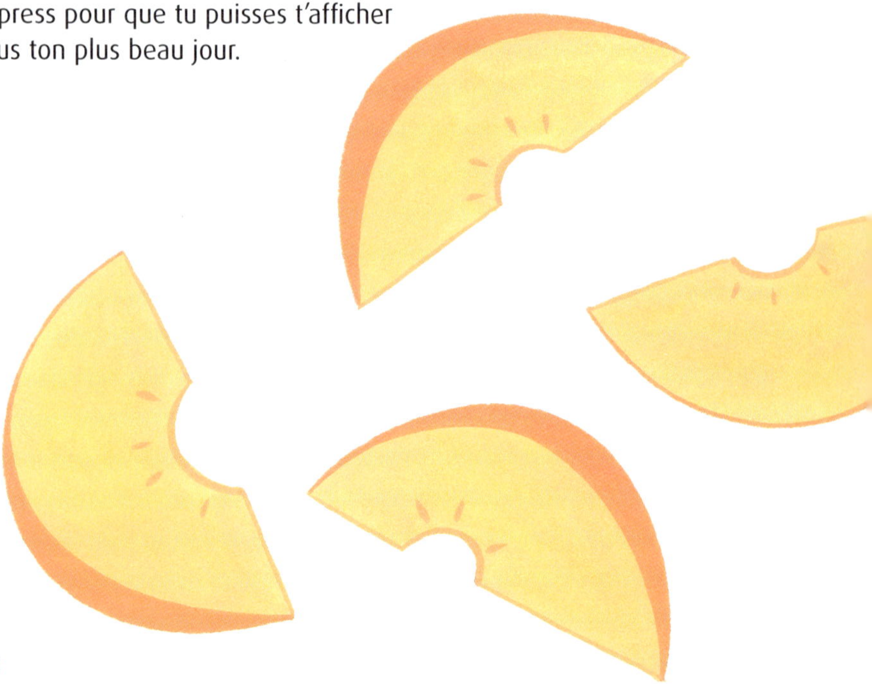

La solution

S'il faut parfois souffrir pour être belle, il faut aussi parfois se salir. Alors, avant de commencer, enfile un vieux t-shirt. Coupe quelques tranches d'une pêche extra-juteuse. Lave ton visage, puis frotte-le avec les tranches de pêche, en laissant le jus pénétrer. Laisse reposer 30 minutes, le temps de choisir le parfait accoutrement pour sortir. Quand le temps est écoulé, lave bien ton visage et admire ton teint lumineux.

Pourquoi ça fonctionne

Les pêches sont naturellement infusées d'acides alpha-hydroxy, qui exfolient les cellules mortes, et de vitamines A et C, super bénéfiques pour les nouvelles cellules. Le jus contribue également à désengorger les pores de la peau et à lui rendre tout son éclat.

Quand ta teinture est ratée

Le problème

Tu voulais te refaire une beauté en appliquant toi-même cette teinture semi-permanente, mais quelque chose a mal tourné et tu te retrouves avec une couleur inégale.

La solution

Avant de gaspiller tes sous pour un soin professionnel ou de penser porter un chapeau jusqu'à ce que ta repousse soit assez longue pour que tu coupes les cheveux colorés (ce qui pourrait être très, très long), essaie de réparer toi-même les dégâts. Note qu'il sera plus facile de corriger la couleur dans les 48 heures suivant la catastrophe. Applique d'abord un traitement à l'huile chaude (tu trouveras d'ailleurs une excellente et peu dispendieuse recette à la page 42), puis lave tes cheveux à deux reprises avec du shampoing antipelliculaire. La teinture devrait s'affadir, en même temps que la honte.

Pourquoi ça fonctionne

Les teintures semi-permanentes sont conçues pour s'atténuer peu à peu. Pour faire en sorte que la tienne disparaisse plus rapidement, tu dois faire strictement l'inverse de ce qu'on conseille pour faire durer la couleur. L'huile chaude dilue le pigment de la couleur, alors que le shampoing antipelliculaire s'allie à la teinture et la déloge à mesure que tu rinces.

JOURNAL

Miracle minute

À court de pinceaux ?

Ton look de rock star d'hier soir a laissé une empreinte noire sur tous tes pinceaux à maquillage. Tu ne peux tout simplement pas les réutiliser pour le petit rose que tu as envie de porter aujourd'hui. C'est le temps de piger dans le coffre d'arts plastiques de ta sœur ! Choisis quelques pinceaux de taille moyenne. Assure-toi d'abord qu'ils sont ultra-propres et qu'ils ne contiennent aucun résidu de peinture, puis utilise-les comme tu utiliserais tes pinceaux à maquillage habituels.

jette de la poudre aux yeux

Le problème

Le party d'Halloween d'hier était fabuleux. Ton costume de momie l'était encore plus. Mais tu t'es couchée aux petites heures et tes yeux te trahissent. Et tu as besoin d'avoir l'air réveillée quand tes parents te demanderont où est passée toute leur réserve de papier de toilette.

La solution

Oui, tu peux tricher et avoir l'air reposée, comme si tu t'étais couchée trois heures plus tôt. Applique de l'ombre à paupières blanche dans le coin interne de ton œil. Si tu as encore l'air endormie, souligne tes sourcils d'un peu de blanc. Ce truc est valable pour toutes les couleurs de teint.

Pourquoi ça fonctionne

L'ombre à paupières blanche crée une illusion d'optique qui fait paraître l'œil plus ouvert et plus brillant. Tes parents n'y verront que du feu !

Pied de nez aux mauvaises odeurs

Le problème

Tu n'arrives pas à y croire ! Les souliers dont tu rêvais sont finalement en solde, il en reste une paire et c'est ta pointure. Tu te sens un peu comme Cendrillon, alors que tu t'apprêtes à savourer ta chance en essayant la chaussure convoitée. Tu sens monter la frénésie… en même temps que la pire odeur qui soit.

La solution

Fais tremper tes pieds dans un bol d'eau chaude, à laquelle tu ajoutes 45 ml (3 cuillères à soupe) de bicarbonate de soude, pendant 30 minutes pour retrouver tes pieds de princesse.

Pourquoi ça fonctionne

Ton prof de chimie t'a sans doute déjà dit que si tu mélanges une base et un acide, tu obtiendras de l'eau et du sel. En quoi ça te concerne ? Les mauvaises odeurs dégagées par les pieds sont dues à des acides organiques et le bicarbonate de soude est une base. Si tu les mélanges, tu te retrouveras avec de l'eau et du sel, et les deux sont inodores. À bas les odeurs et à toi les souliers de rêve !

Fraîcheur pour emporter

C'est bien connu, plus ton sac à main est grand, plus tu le remplis. Mais il y a des limites ! Évidemment, tu ne peux couper dans l'essentiel : ton portefeuille, ton cellulaire, tes clés et ton *gloss* sont indispensables. Avec tout ça, comment peux-tu imaginer traîner ton parfum préféré sans faire éclater ton sac ? Facile ! Vaporise ton parfum sur des cotons-tiges que tu glisses dans un sac de plastique refermable. Tu pourras donc appliquer ton parfum au besoin, sans bagage superflu.

Pomme de terre à la rescousse

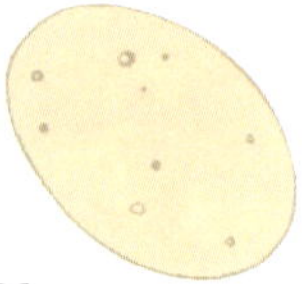

Le problème

Une discussion musclée avec ton copain t'a laissée avec un criant problème d'insomnie ET des yeux bouffis. Avant de décider si ça passe ou si ça casse, commence par soigner tes yeux malmenés.

La solution

Il existe des sachets de gel efficaces, mais dispendieux, pour calmer les yeux gonflés. Cela dit, les pommes de terre fonctionnent tout aussi bien, pour une fraction du prix. File à la cuisine, puis fais bouillir une pomme de terre. Retire-la de l'eau, puis laisse-la refroidir jusqu'à ce que tu puisses la manipuler et coupe-la en tranches. Dépose une tranche sur chacun de tes yeux et laisse la magie s'opérer.

Pourquoi ça fonctionne

L'amidon contenu dans les pommes de terre fait des miracles pour amoindrir l'enflure et les rougeurs. En plus, le froid des tranches contracte les petites veines et les capillaires de ta peau, ce qui devrait aussi atténuer les cernes que ton manque de sommeil t'a légués. Te voilà prête pour une sortie entre copines (sans ton copain).

Plus de chevelure à la Shrek

Le problème

Après quatre ou cinq longueurs et une joute enflammée de Marco Polo, tu es prête à laisser les flots pour te faire dorer sur le bord de la piscine. Catastrophe ! Ta baignade t'a laissée avec de monstrueux cheveux verts.

La solution

D'abord, coiffe-toi d'un chapeau pour te rendre à la maison. Sur le chemin du retour, arrête chercher quelques boîtes de jus de tomate. Laisse sécher tes cheveux à l'air libre. Ensuite, saute dans la douche et verse le jus de tomate sur tes cheveux jusqu'à ce qu'ils soient complètement imbibés. Couvre ensuite ta tête d'un bonnet de douche ou d'un sac de plastique et laisse reposer le tout pendant 30 minutes, le temps de regarder un épisode de ta série préférée. Quand le générique apparaît, retourne sous la douche, rince le jus de tomate et lave tes cheveux comme d'habitude. Ton look verdâtre devrait être chose du passé.

Pourquoi ça fonctionne

Les métaux lourds présents dans les piscines (le cuivre, le fer et le manganèse) sont les principaux coupables, ils sont responsables de cette teinture indésirable. Le jus de tomate s'allie aux métaux et les entraîne avec lui au fur et à mesure que tu rinces tes cheveux.

100 % sans matières grasses

Si ton partenaire de labo est mignon, c'est super. S'il peut se voir dans la brillance de ton visage, ça l'est un peu moins. À l'école, tu n'as pas toujours sous la main du papier matifiant. File à la salle de bain, saisis quelques carrés de papier hygiénique et tamponne ton visage pour absorber l'excès d'huile de ta peau. C'est magique !

Rubis sur l'ongle

Le problème

Ça fait des lustres que tu portes un vernis d'un rouge flamboyant. Aujourd'hui, tu as envie de te la jouer nature, à nouveau. Seulement, à mesure que tu enlèves la teinte vermeille, tes ongles apparaissent, tachés et pas trop ragoûtants.

La solution

Fais tremper tes ongles dans du jus de citron pendant 10 minutes, puis ponce-les doucement. Répète ces opérations chaque jour, jusqu'à ce que les taches aient disparu.

Pourquoi ça fonctionne

Le jus de citron est un astringent et un javellisant naturel qui aide à désincruster les taches laissées par le vernis foncé. Le ponçage contribuera aussi à déloger les taches, mais n'y va pas trop fort, car le ponçage enlève toujours une fine couche d'ongle au passage.

Rasage de près

Le problème

C'est le printemps, et tu as hâte de porter ta nouvelle jupe courte. Petit problème : tu n'as plus de crème à raser et, non, les jambes velues ne sont pas encore à la mode.

La solution

Prends une noix de shampoing, fais mousser et rase comme d'habitude. Ah, et saute dans ta jupe !

Pourquoi ça fonctionne

La crème à raser n'est en fait qu'une combinaison de savons et d'agents hydratants. Les fabricants aiment bien nous faire croire que seule la crème à raser peut être utilisée, mais c'est faux. Plusieurs autres produits peuvent très bien faire le travail. Le shampoing est particulièrement intéressant parce qu'il mousse bien, qu'il est conçu pour les zones poilues et qu'il sent sublimement bon. Pour encore plus de douceur après le rasage, applique un peu de revitalisant sur tes jambes, puis rince comme il faut.

Shampoing

Miracle minute

Visière visiblement utile

Tu as passé des heures à mettre en place la parfaite coiffure pour le bal et tous tes efforts seraient anéantis sans une bonne dose de fixatif pour garder le tout bien en place. Mais comment vaporiser tes cheveux sans t'asperger le visage et ruiner ton maquillage (rappelons-nous que le look figé n'est pas très glamour) ? C'est à ce moment que l'affreuse visière de ta mère, sortie tout droit des années 1980, entre en scène. Si elle n'en a pas, fouille dans les accessoires de poker de ton père – il a peut-être même la classique, d'un beau vert transparent. Arbore fièrement la visière le temps de bien fixer ta coiffure, tout en restant bien à l'abri.

Fixatif

Traitement pour tresses en détresse

Le problème

Tes cheveux secs crient au secours, mais ton budget d'étudiante ne te permet pas de t'offrir le luxe d'un traitement à l'huile chaude.

La solution

Oublie les coûts faramineux des salons et crée ton propre traitement. Combine deux parts d'huile de canola et une part d'eau chaude et enduis tes cheveux de cette préparation, comme tu le ferais avec du shampoing. Laisse reposer 5 minutes avant de rincer. Finis les cheveux décrépis !

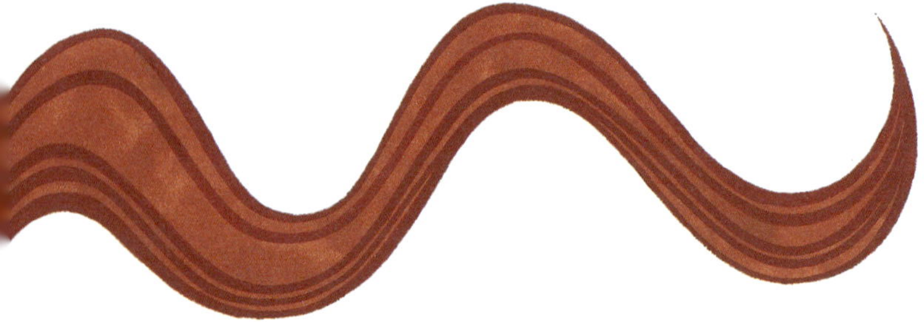

Pourquoi ça fonctionne

Les cheveux ont besoin d'une certaine quantité d'huiles naturelles pour être sains et brillants. À force de les laver et de les coiffer, ils perdent ces huiles naturelles et deviennent mats et cassants. L'huile de canola ressemble étrangement aux huiles utilisées dans les traitements à l'huile chaude, beaucoup plus coûteux. Elle hydrate tes cheveux en profondeur et leur redonne ce lustre tant recherché.

Boucles séchées au papier

Tes boucles parfaites sont maintenant un parfait fiasco à cause de la pluie qui t'a tombé dessus sur le chemin de l'école. Pour assécher tes cheveux sans ruiner ta mise en plis et te retrouver sous une montagne de frisottis, utilise le papier à mains de la salle de bain. Tu verras qu'il est parfait pour absorber l'excédent d'eau sans te laisser avec un afro. Tamponne légèrement tes boucles avec le papier pour enlever l'humidité et repars à la conquête du monde (ou à ton prochain cours).

Le lait, c'est bon pour la santé

Le problème

Entre huit comités scolaires, les examens et le travail, sans oublier la vie sociale, tu es surexcitée, mais surtout vidée, et même ta peau s'en ressent. C'est le temps d'en prendre soin.

La solution

Retrouve une peau de bébé en prenant un bain, version améliorée. Dans une baignoire pleine d'eau chaude, ajoute 500 ml (2 tasses) de lait et fais-toi tremper 30 bonnes minutes, puis rince ton corps comme il faut.

Pourquoi ça fonctionne

On a beau prendre des bains de lait depuis l'époque de Cléopâtre, l'explication scientifique des bienfaits qui y sont associés vient à peine d'être démontrée. Le lait contient de l'acide lactique qui contribue à exfolier la peau, la laissant lisse et souple. Après ton bain, tu te sentiras vivifiée, prête à affronter une autre activité.

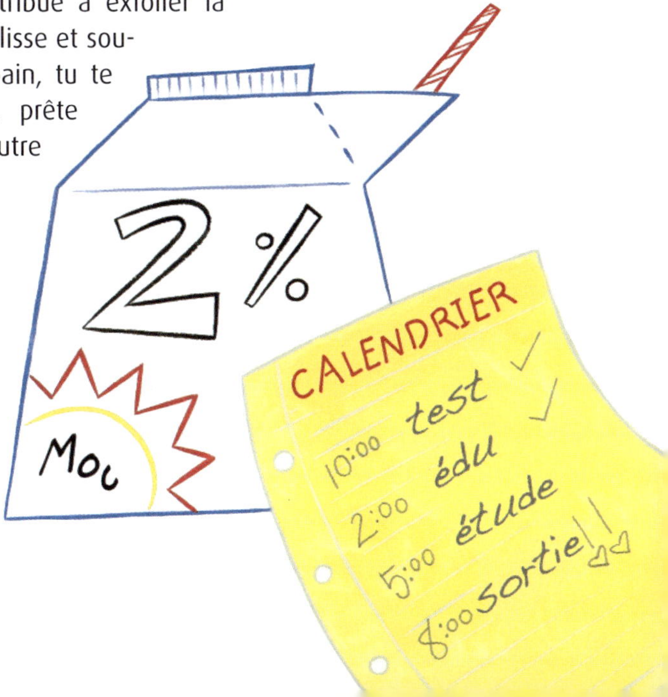

Rouge, on arrête !

Le problème

Ton anniversaire n'arrive qu'une fois par année. Mais celui-ci arrive, cette année, en même temps qu'un énorme bouton sur ton menton.

La solution

Tu peux faire en sorte que le bouton soit moins apparent grâce à de simples gouttes pour les yeux vendues sans prescription. Dès l'apparition du traître, imbibe une boule de ouate de solution oculaire, jusqu'à saturation, et tiens-la sur la zone maudite pendant quelques minutes. La rougeur devrait s'atténuer.

Pourquoi ça fonctionne

Les gouttes pour les yeux font des miracles pour les yeux rouges en contractant les vaisseaux sanguins hyperactifs qui causent les rougeurs. Ce même effet réduira l'inflammation autour de ton bouton, et tu seras prête à accueillir une nouvelle année.

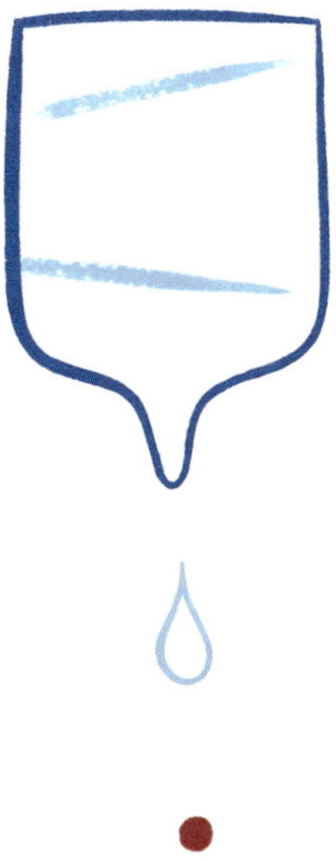

le sur pouce

Ongles frigorifiés

Tu as rendez-vous avec tes amies mais tu as à peine eu le temps de finir tes ongles. Maintenant, le temps manque pour les laisser sécher. Voici un truc facile pour figer ta nouvelle manucure : alors que le vernis est encore humide, fais couler de l'eau hyper froide sur tes ongles pour fixer la couleur.

Pour dompter ta crinière

Le problème

Tu es en route pour l'entrevue que tu dois passer pour l'emploi que tu convoites. Le problème ? L'air humide a bousillé ta mise en plis et tes cheveux sont tout sauf disciplinés. Pire encore, tous tes produits sont à la maison, mais c'est maintenant que tu dois intervenir.

La solution

Avant de paniquer et d'annuler l'entrevue, prends un pois de crème à mains et frotte tes mains ensemble. Si tu n'as pas de lotion dans ton sac, arrête dans un magasin qui offre des échantillons. Passe ensuite tes mains dans tes cheveux jusqu'à ce qu'ils reprennent leur place.

Pourquoi ça fonctionne

Malgré ce que les pubs tentent de nous faire croire, un hydratant est un hydratant. Évidemment, certaines formules sont conçues plus spécifiquement pour les cheveux ou la peau, mais en cas de détresse, les agents hydratants contenus dans la lotion ou la crème feront des miracles avec tes couettes.

Miracle minute

Pour éviter les débordements

Tu en as assez de passer inaperçue et tu as une folle envie d'arborer une couleur de cheveux excentrique, à la hauteur de ta personnalité colorée. Ce n'est pas une mauvaise idée. Après tout, on n'a qu'une vie à vivre ! Mais rappelle-toi que plus la couleur est flashy, plus les dégâts peuvent être désastreux sur ton front. Donc, avant de te teindre en rouge pompier ou en bleu minuit, applique un peu de baume à lèvres sur toute la ligne de tes cheveux. Ensuite, fonce !

baume à lèvres

Ongles bien cuits

Le problème

Tu viens tout juste d'appliquer la touche finale à ta manucure maison et tu te rends compte qu'il ne te reste que quelques minutes pour faire sécher tes ongles, t'habiller, te coiffer et courir à l'école pour ne pas être en retard.

La solution

L'aérosol de cuisson est non seulement bon pour faire cuire des œufs, mais aussi pour accélérer le temps de séchage de tes ongles.

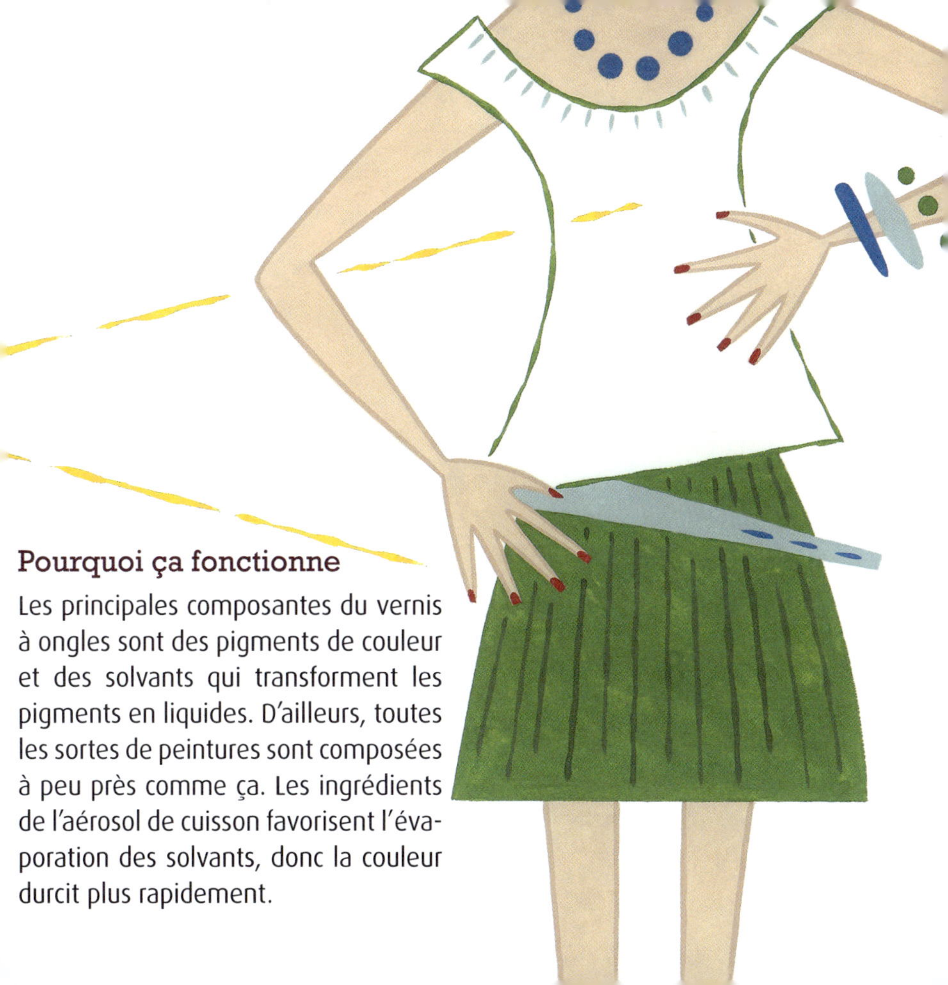

Pourquoi ça fonctionne

Les principales composantes du vernis à ongles sont des pigments de couleur et des solvants qui transforment les pigments en liquides. D'ailleurs, toutes les sortes de peintures sont composées à peu près comme ça. Les ingrédients de l'aérosol de cuisson favorisent l'évaporation des solvants, donc la couleur durcit plus rapidement.

Avoir les bleus

Le problème

Tu as remporté la partie de hockey-balle, mais tu en as gardé des ecchymoses sur les jambes ?

La solution

Malheureusement, le temps est le seul vrai remède pour faire disparaître une ecchymose, mais tu peux quand même en réduire l'apparence en essayant ceci : place un 25 ¢ dans le congélateur jusqu'à ce qu'il soit super froid. Ensuite, dépose la pièce sur l'ecchymose pendant une dizaine de minutes. Répète ces opérations toutes les deux heures.

Pourquoi ça fonctionne

Une ecchymose, c'est un amas de vaisseaux sanguins fissurés. Le froid de la pièce de monnaie contracte les vaisseaux sanguins et réduit l'enflure, ce qui permet à l'ecchymose de guérir plus facilement. Après deux jours, le bleu devrait être suffisamment pâle pour passer inaperçu.

25
25
25
M
L
B

Miracle minute

Rentabilise ton maquillage

Tu arrives au bout de ton crayon à yeux et, en même temps, au fond de ta tirelire ? Tu ne peux pas acheter de maquillage pour le moment… Et après ? En une seule étape facile, tu peux transformer ton ombre à paupières en eye-liner. À l'aide d'un pinceau en biseau, applique une fine ligne d'ombre à la lisière de tes cils. Pour obtenir l'effet d'un traceur liquide, humecte le pinceau avant de l'utiliser.

Des mèches... dans le jus !

Le problème

Tu jubiles d'avoir fait ces trouvailles : le parfait bikini (en solde) et les lunettes soleil griffées (vive les magasins de seconde main!) mais ton budget ne te permet pas de compléter ton ultime look de plage par une tête méchée en salon.

La solution

Si tu as déjà les cheveux blonds ou châtain pâle, tu peux simplement t'exposer au soleil pour obtenir ta chevelure estivale de rêve. Ajoute à cela du jus de citron pour arriver à tes fins (le citron, combiné au soleil et à la chaleur, pâlira naturellement les cheveux dorés). Presse 5 à 10 citrons (en fonction de la longueur de tes cheveux) et verse le jus dans un vaporisateur. Quand il fait beau, vaporise ta chevelure, de la racine aux pointes, puis peigne-la bien. Prends un bon bain de soleil (bien enduite de crème solaire, évidemment) et laisse le citron jouer son rôle.

Pourquoi ça fonctionne

Le jus de citron, lorsque combiné au soleil, agit comme un décolorant naturel. Cette technique ne fonctionne qu'avec le soleil. Si tu vaporises tes cheveux quand c'est nuageux, tu auras une tête fraîche, au parfum délicat, mais sans plus d'éclat.

Monte le volume

Tu as fait exprès de te lever tôt pour avoir le temps de bien te coiffer pour cette grosse journée. Tu espérais que ta coiffure bouffante allait psychologiquement te motiver à garder la tête haute pour ton exposé en deuxième période. C'est triste, mais le temps de te rendre à l'école, le volume dans tes cheveux t'a quittée… en même temps que ta confiance.

Ne perds pas ce qu'il te reste de contenance en courant à la maison. Le séchoir de la salle de bain la plus proche fera l'affaire. Penche ta tête sous le séchoir. L'air chaud réactivera les produits coiffants que tu as utilisés le matin, redonnant toute la vigueur à ta mise en plis.

Des cils chauds, chauds, chauds

Le problème

Malgré le fait que tu utilises un recourbe-cils depuis toujours (du moins, d'aussi loin que tu te souviennes), tes cils te semblent plats et pas assez spectaculaires. C'est dit, tu en veux plus.

La solution

Non, ce n'est pas que ton fidèle outil soit défaillant. Le problème, c'est l'utilisation que tu en fais. Essaie ceci : passe le recourbe-cils sous l'eau chaude (mais pas brûlante) pendant 10 à 15 secondes avant de l'utiliser. Tu verras tout de suite des résultats franchement remarquables.

Pourquoi ça fonctionne

L'eau chaude procure à ton outil juste assez de chaleur pour qu'il discipline efficacement tes cils, un peu comme le fait un fer à friser avec les cheveux, mais sans le risque de te brûler les paupières.

Rasage éclair

Le problème

Ton galant t'attend à la porte, et, juste avant de descendre, tu jettes un dernier coup d'œil dans le miroir... pour t'apercevoir que tu as oublié de raser tes jambes et que tu n'as absolument plus le temps de retourner sous la douche. Tu es déjà bien assez nerveuse comme ça; tu n'as pas envie de passer la soirée à te demander s'il a remarqué les poils disgracieux.

La solution

Adopte une attitude décontractée et dis-lui que tu seras là dans un instant (tu vaux bien la peine qu'il attende un peu). Applique ensuite une bonne quantité d'huile pour bébé sur tes jambes avant de les raser.

Pourquoi ça fonctionne

L'huile agit comme une barrière protectrice entre les lames et ta peau, limitant ainsi les éraflures. Te voilà avec des jambes lisses en un instant, parée pour une soirée tout en douceur.

Précieux « usten-cils »

C'est l'heure du lunch, et tu ne peux t'empêcher de penser à ton prochain cours : les maths. Comment ne pas aimer une classe qui déborde de gars aussi beaux que futés ? Tu aimerais bien être à ton meilleur, mais entre deux bouchées et trois histoires partagées, tu n'as que quelques minutes pour rafraîchir ton minois avant que la cloche sonne.

Vient alors le temps d'utiliser la mystérieuse cuillère-fourchette. Cet étrange hybride n'a pas qu'une utilité en cuisine, il peut également servir de recourbe-cils de fortune, te permettant d'obtenir un regard des plus attrayants, en quelques instants. Devant un miroir, ferme un œil, appuie la partie arrière arrondie de l'ustensile derrière tes cils supérieurs, puis roule vers le plafond, en conservant la pression, jusqu'à l'obtention de l'effet désiré.

Le parfait duo

Le problème

En tant que fille à la mode, tu éprouves un profond respect pour l'agencement des couleurs. Ton sac est agencé à tes souliers, le vernis sur tes pieds et celui sur tes mains proviennent évidemment de la même bouteille. Mais quand arrive le temps d'agencer ton brillant à lèvres avec ton ombre à paupières, si tu devais toujours avoir la paire, tu serais ruinée en moins de deux.

La solution

Heureusement, il existe un truc hyper facile pour créer toi-même ton gloss, au goût du jour. Choisis d'abord la teinte d'ombre pour laquelle tu veux un brillant à lèvres agencé. Prélève un peu de poudre et mélange-la avec une toute petite quantité de gelée de pétrole. Retravaille les proportions de ton mélange jusqu'à ce que tu obtiennes la nuance parfaite.

Pourquoi ça fonctionne

La plupart des brillants à lèvres sont composés de pigments colorés, mêlés à une base de gelée de pétrole sous forme de gel brillant. Cette combinaison permet à la couleur d'être fixée dans le gel, puis sur les lèvres.

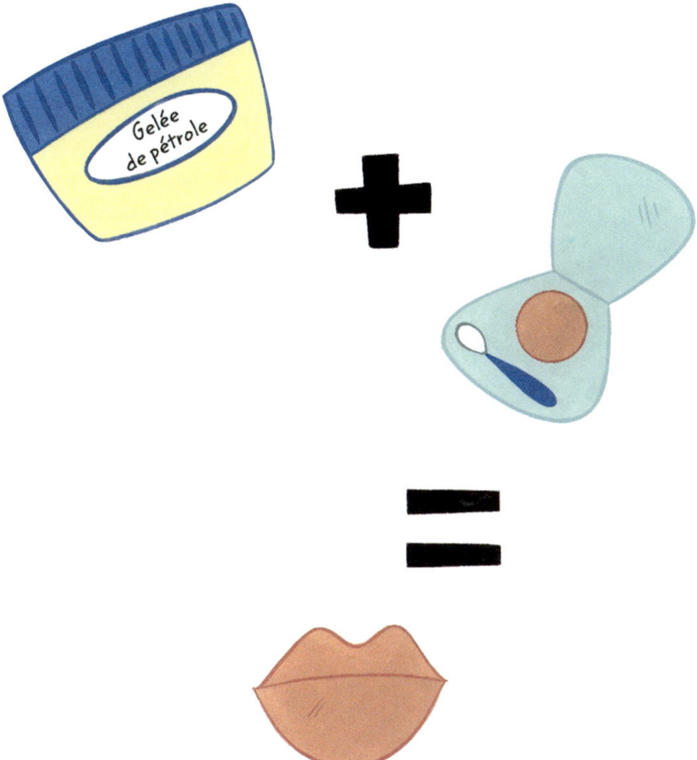
Gelée
de pétrole

Chevelure enviée

Le problème

S'il est une photo sur laquelle tu veux bien paraître, c'est bien celle sur ton permis de conduire, parce que celle-ci te suivra pendant quelques années. Avant le jour fatidique de la prise de photo, cajole tes cheveux avec un bon traitement.

La solution

Ce dont tes cheveux ont besoin, c'est d'une revitalisation en profondeur. Pour y arriver sans te ruiner, casse un œuf dans un bol, puis fouette-le comme si tu t'apprêtais à faire une omelette. Enduis tes cheveux de l'œuf battu, laisse reposer cinq minutes, puis lave-les comme d'habitude.

Pourquoi ça fonctionne

Tout bon nutritionniste te dira que les œufs regorgent de protéines et de gras. Ça tombe bien, ce sont deux ingrédients parfaits pour nourrir ta chevelure. Les nutriments pénètrent les tiges de tes cheveux pour donner à ta coiffe la souplesse et la brillance recherchées pour une photo digne d'une star.

Pas de pitié pour les taches

Tu as beau avoir la parfaite mise en plis, une manucure impeccable et toutes les bonnes réponses en classe, personne ne remarquera tes atouts si tu laisses des marques de déodorant te voler la vedette. (Oui, c'est peut-être dégueu, mais au moins, c'est la preuve que tu en mets, du déo, non ?) Pour enrayer ces marques disgracieuses quand tu es loin de la maison, cours à la salle de bain et retire un de tes bas. Retourne le bas à l'envers (en espérant que tu te sois lavé les pieds ce matin !) puis frotte vigoureusement la tache, jusqu'à ce qu'elle disparaisse.

Um, Abraham Lincoln?

Plus de neige sur ton épaule

Le problème

Ce n'est pas toujours facile d'arborer le parfait look classique quand ton problème de pellicules t'empêche de porter du noir.

La solution

As-tu déjà essayé le vinaigre de cidre de pomme ? Verse 30 ml (2 cuillères à soupe) de ce vinaigre dans un vaporisateur et asperge bien tout ton cuir chevelu. En fonction de l'ampleur de ton problème de pellicules, laisse reposer entre 15 minutes et 3 heures, puis saute dans la douche pour te shampouiner.

Pourquoi ça fonctionne

Les pellicules sont souvent causées par des pores obstruées et un pH trop élevé dans ton cuir chevelu, deux problèmes qui peuvent résulter d'une grande utilisation de produits capillaires. Le vinaigre équilibre le pH et nettoie les pores, ce qui te permet de dire adieu aux pellicules et bonjour à la parfaite petite robe noire !

Vinaigre

Conseil pour capuchons coincés

Le problème

Déjà, fouiller dans ta collection de vernis à ongles pour trouver la bonne couleur, c'est un défi en soi. C'est quand vient le temps d'ouvrir la bouteille que les choses se corsent, surtout si la bouteille n'a pas été ouverte depuis des mois... Tu vas te faire des muscles !

La solution

Pour prévenir les batailles à finir avec les bouteilles, enduis le filet autour de l'embout de la bouteille de gelée de pétrole. Répète l'opération après quelques utilisations.

Pourquoi ça fonctionne

La gelée de pétrole est un lubrifiant tout usage (par exemple, elle peut te permettre de retirer une bague trop petite coincée sur ton doigt). Elle empêchera le vernis de sécher à la jonction de l'embout et du capuchon et préviendra l'usage de la force dans un simple manucure.

Miracle minute

Faible en gras

Si tes amies te demandent pourquoi tes cheveux sont mouillés, alors qu'il ne pleut pas et que tu ne sors pas de la douche, c'est que tes cheveux sont gras. C'est déplaisant, on en convient, mais tu n'as pas à rester prise avec ça. Si tu as les cheveux pâles, saupoudre un peu de poudre pour bébé à la racine en frottant légèrement. Si ta chevelure reste blanche, c'est que tu as mis trop de poudre, alors secoue ta tête pour enlever l'excédent ou refais ta séparation. Si tu as les cheveux foncés, prélève un peu d'eau d'hamamélis avec une boule de ouate et tamponne la région huileuse. Quand tes amies te demanderont ce que tu as de différent, tu n'auras qu'à répondre que, ce matin, tu as pris le temps de te sécher les cheveux.

Pas de répit pour les points noirs

Le problème

On le sait bien, c'est toujours la première impression qui compte. Ce fait prend tout son sens alors que tu as finalement un rendez-vous avec le gars de tes rêves. Et tu ne laisseras pas quelques points noirs gâcher le premier coup d'œil.

La solution

Les tomates ne sont pas réservées aux salades et aux sandwichs. Prends une tomate, coupe-la en deux et frotte le côté chair sur ton visage. Laisse le jus pénétrer pendant au moins 10 minutes, puis rince avec de l'eau. Répète l'exercice tous les jours.

Pourquoi ça fonctionne

Les composantes acides des tomates aident à nettoyer ton visage en profondeur et à dégager les pores obstrués qui deviennent des points noirs. Tu verras, les points noirs disparaîtront... et ton coup de cœur te proposera un deuxième rendez-vous.

Pour assouplir les mauvaises odeurs

Le problème

Ton escapade en camping a été géniale ! Du bon temps entre amis, des souvenirs des Jeannettes... Mais, ce matin, tes cheveux sentent le barbecue à cause du feu de camp et tu dois te rendre à une entrevue.

La solution

Évidemment, une bonne douche est la meilleure façon d'éliminer toutes les odeurs, mais quand tu manques de temps, une feuille d'assouplisseur fait l'affaire. Frotte bien tes cheveux avec la feuille, de la racine aux pointes, pour une chevelure qui sent bon comme au sortir de la douche.

Pourquoi ça fonctionne

Dans la sécheuse, les feuilles d'assouplisseur ont comme fonction d'enduire les vêtements d'une bonne odeur. Quand tu frottes ta chevelure avec la feuille, le parfum se colle à tes cheveux, et tu peux dire adieu à l'odeur de feu.

Miracle minute

Fixatif citronné

Si ta bouteille de fixatif tire à sa fin et que tu manques de temps pour aller en acheter une nouvelle, fais bouillir 500 ml (2 tasses) d'eau, à laquelle tu ajoutes un citron tranché. Laisse refroidir la préparation, puis verse-la dans un vaporisateur. Te voilà parée pour dompter ta crinière.

Fixatif

Masque de marc

Le problème

Tu arrives dans une nouvelle école. Après une semaine à courir dans tous les sens, à apprendre à connaître plein de gens, à carrément tenter de faire bonne impression, tu es littéralement crevée... et ta peau crie à l'aide.

La solution

Aie bonne mine grâce à un facial au café. Demande à tes parents de te donner le marc de café (les résidus de café moulu) une fois celui-ci infusé. Laisse-le refroidir et prélèves-en 60 ml (¼ tasse) que tu mélangeras avec un blanc d'œuf. Étends la préparation sur ton visage en massant légèrement, puis laisse sécher. Rince à l'eau chaude et admire ta belle peau exfoliée.

Pourquoi ça fonctionne

Le marc de café est un bon exfoliant qui libère ta peau des cellules mortes; de plus, il constitue un bon apport en antioxydants. Le blanc d'œuf forme une sorte de masque quand il sèche. Quand tu le retires, il emporte avec lui toutes les impuretés. Résultat : une peau lisse et vivifiée.

Miracle minute

Dégommer le désastre

C'était drôle... au début. Ton amie faisait des bulles avec une immense chique de gomme. Quand la bulle a fusionné avec tes cheveux, tu as cessé de rire. Avant de sauter aux conclusions, de te raser la tête et d'entrer dans l'armée, essaie de libérer l'amas collant avec de l'huile végétale. En massant légèrement avec l'huile, la gomme devrait ramollir et être plus facile à enlever, doucement.

À bas les pieds secs !

Le problème

Cette journée de magasinage intensif t'a laissée complètement euphorique ! Tu as trouvé le parfait ensemble pour un prix ridicule. Tes pieds, eux, sont moins ravis. Ils sont fatigués, secs et douloureux... et ils ont besoin d'un peu d'amour.

La solution

Avant d'aller te coucher, enduis tes pieds d'une bonne quantité de crème hydratante et glisse-les dans des bas dont l'intérieur a été saupoudré de poudre pour bébé. Garde les bas toute la nuit.

Pourquoi ça fonctionne

Les bas font en sorte que la crème reste sur tes pieds et ne soit pas essuyée par tes draps. À son tour, la poudre pour bébé empêche les bas de l'absorber. Le lendemain, tes pieds seront reposés, hydratés en profondeur et prêts à te porter pour une deuxième tournée des soldes.

À propos des collaboratrices

Somer Flaherty habite à San Francisco, en Californie. Elle est éditrice au *Marin Magazine* et auteure à la pige. Elle a également été éditrice pour *Loud*, une revue destinée aux adolescents. Quand elle n'est pas en train d'écrire, elle adore observer les gens et tester des trucs beauté étranges sur ses amies.

Jen Kollmer est auteure à la pige, cinéaste et ex-ingénieure de San Francisco. Ses écrits dramatiques ont été publiés dans le journal *Fourteen Hills* et mis en scène au Kennedy Center et aux Marin Headlands. Elle est aussi coauteure de *Solutions zen pour filles stressées*.

Ali Douglass résidente de San Francisco, est illustratrice à la pige. Son art a pu être admiré dans différentes publicités, cartes de souhaits, vêtements et dans des publications telles que *The NY Times*, YM et *Seventeen*.